Spéculer pour Prospérer : Stratégies Gagnantes et Précautions Financières

Introduction :

Bienvenue dans le monde fascinant de la spéculation. Notre voyage à travers ces pages nous emmènera au cœur d'une discipline complexe, souvent mystérieuse, mais toujours captivante. La spéculation, c'est bien plus qu'une simple quête de richesse ; c'est un art, une science, une aventure intellectuelle.

La spéculation est une activité aussi vieille que les marchés eux-mêmes. Depuis les temps anciens, des individus audacieux ont cherché à anticiper les fluctuations des prix, à découvrir des opportunités et à prendre des risques calculés pour tirer profit des mouvements des marchés. Aujourd'hui, la spéculation reste une composante vitale des marchés financiers mondiaux, stimulant l'innovation, la croissance économique et la découverte de nouvelles opportunités.

Dans cet ouvrage, nous explorerons la spéculation sous toutes ses facettes, du passé millénaire à l'avenir en évolution constante. Nous plongerons dans les principes fondamentaux qui guident les spéculateurs chevronnés, des stratégies de gestion des risques à l'éthique personnelle et professionnelle.

Nous examinerons également les différentes formes de spéculation, qu'il s'agisse de l'investissement dans des biens immobiliers, d'œuvres d'art, de métaux précieux ou d'instruments financiers. Chacune de ces formes de spéculation offre ses propres opportunités, ses propres risques et ses propres défis, et nous vous aiderons à comprendre comment les aborder avec intelligence.

Au fil de ce voyage, nous vous fournirons des connaissances, des outils et des conseils pour réussir en tant que spéculateur. Vous découvrirez l'importance de la connaissance des marchés, de la gestion des risques, de la discipline émotionnelle, de l'éthique et de la planification stratégique.

Enfin, nous jetterons un regard vers l'avenir de la spéculation. Les marchés financiers évoluent constamment, avec l'émergence de nouvelles technologies, de nouvelles classes d'actifs et de nouvelles réglementations. Nous discuterons des tendances émergentes, des opportunités potentielles et des défis à venir pour les spéculateurs.

La spéculation est une entreprise exigeante, mais avec une compréhension approfondie, une approche éthique et une discipline rigoureuse, vous pouvez naviguer avec succès dans ce monde complexe. Nous espérons que cet ouvrage vous fournira les connaissances et les outils nécessaires pour poursuivre vos activités de spéculation de manière avertie, responsable et potentiellement profitable.

Bienvenue dans ce voyage, et que votre quête de succès en tant que spéculateur soit enrichissante et fructueuse.

1. La Spéculation à Travers les Âges

Depuis l'aube de l'humanité, un désir intemporel a habité l'esprit des hommes et des femmes : la quête de gain. Ce désir a engendré des récits d'audace, d'ambition et parfois, d'adversité. Il a créé des fortunes colossales tout en détruisant des rêves en un battement de cœur. Il a inspiré des légendes de succès fulgurants, tout comme il a forgé des tragédies financières.

Bienvenue dans l'univers fascinant de la spéculation, un monde où les frontières entre la chance, la prévoyance, la ruse et le risque se sont entremêlées au fil des siècles. Au cours de ce voyage à travers l'histoire, nous explorerons les racines de la spéculation, sa signification profonde, et comment elle a évolué pour devenir un pilier de l'économie mondiale.

Dans ce chapitre inaugural, nous plongerons dans les annales du temps pour découvrir les origines de la spéculation, bien avant que la monnaie elle-même n'ait vu le jour. Nous examinerons les motifs qui ont poussé les êtres humains à parier sur l'avenir, à anticiper la rareté des ressources précieuses, et à se lancer dans des quêtes d'enrichissement audacieuses.

Mais notre exploration ne se limitera pas à une simple observation historique. Au fil des pages, nous verrons comment la spéculation a façonné le monde qui nous entoure, comment elle a inspiré des aventures audacieuses et comment elle a parfois laissé des cicatrices indélébiles sur le tissu de la société. Nous examinerons également comment la spéculation, malgré ses détracteurs, continue d'exister et de prospérer, offrant des opportunités infinies tout en suscitant des débats éthiques et financiers.

Préparez-vous à plonger dans un voyage à travers les âges, où la spéculation prend vie à travers des histoires anciennes et modernes, des triomphes et des échecs, et où les leçons du passé guideront notre compréhension du présent et notre anticipation de l'avenir. Dans ce voyage, nous découvrirons que la spéculation est bien plus qu'une simple quête de profit ; c'est un reflet de la nature humaine elle-même, avec toutes ses facettes intrigantes et complexes.

1.1 - L'histoire millénaire de la spéculation

Depuis les premiers jours de l'humanité, la spéculation a été témoin de l'évolution constante de notre société. Elle a été présente dans des formes diverses, bien avant l'invention de la monnaie et des marchés financiers modernes. Cette exploration de l'histoire de la spéculation nous transporte aux temps anciens, révélant comment les premiers êtres humains ont cherché à anticiper les besoins futurs et à profiter des opportunités qui se présentaient à eux.

1.1.1 Le Temps du Troc :

Avant que la monnaie ne devienne le moyen d'échange dominant, les gens pratiquaient le troc pour satisfaire leurs besoins. Même à cette époque, des actes de spéculation étaient présents. Les chasseurs, par exemple, pouvaient stocker des ressources rares, anticipant une pénurie future, et les échanger contre d'autres biens lorsque la rareté les rendrait plus précieux.

1.1.2 Les Premières Formes de Commerce :

Avec l'émergence des civilisations et des routes commerciales, la spéculation a pris des formes plus sophistiquées. Des marchands ont parcouru de longues distances pour échanger des biens précieux, prenant des risques considérables en espérant un profit substantiel. Les marchés ont commencé à se développer autour de ces échanges.

1.1.3 Les Marchés Antiques :

Des marchés plus organisés ont émergé dans les civilisations antiques, tels que les marchés d'Athènes ou de Rome. Les contrats à terme, qui ressemblaient aux contrats modernes de spéculation, étaient utilisés pour garantir des prix futurs, souvent pour des produits agricoles.

1.1.4 L'Âge des Grandes Découvertes :

Les explorateurs du XVIe siècle ont ouvert de nouvelles routes commerciales, créant des opportunités de spéculation massives. Le commerce d'épices, de métaux précieux et d'autres marchandises exotiques était porteur de fortunes colossales, mais aussi de risques considérables.

1.1.5 La Révolution Industrielle :

Au XIXe siècle, la spéculation a connu une transformation radicale avec l'essor de l'industrialisation. Les premiers marchés boursiers ont vu le jour, offrant aux investisseurs la possibilité de spéculer sur les actions de sociétés en pleine croissance. Les bulles spéculatives et les krachs boursiers ont marqué cette époque.

1.1.6 Le Monde Moderne :

Aujourd'hui, la spéculation a pris des formes encore plus variées, allant des marchés financiers aux biens immobiliers en passant par les œuvres d'art et les cryptomonnaies. Les opportunités sont immenses, mais les risques sont également plus complexes.

À travers cette exploration de l'histoire de la spéculation, nous constaterons que son essence fondamentale - l'anticipation des besoins futurs, la recherche de l'opportunité et la prise de risque - reste inchangée depuis des millénaires. Cette histoire millénaire nous rappelle que la spéculation est une partie indissociable de notre aventure humaine et qu'elle continuera à évoluer avec le temps.

1.2 - Les racines du désir de gain

Le désir de gain, moteur puissant de la spéculation, puise ses racines profondément ancrées dans la nature humaine. Il est le reflet de nos aspirations, de nos ambitions et de notre quête constante d'amélioration de notre condition. Cette section nous invite à explorer les fondements psychologiques et sociologiques de ce désir insatiable qui a toujours poussé les individus à s'engager dans des activités spéculatives.

1.2.1 L'Instinct de Survie :

L'une des racines les plus fondamentales du désir de gain remonte à nos ancêtres préhistoriques. La recherche de ressources essentielles telles que la nourriture, l'eau et l'abri était cruciale pour la survie. La spéculation, sous forme de stockage de nourriture ou de protection contre les incertitudes de l'environnement, était un moyen de garantir la pérennité de la tribu.

1.2.2 L'Évolution Sociale :

À mesure que les sociétés humaines ont évolué, le désir de gagner en statut social et en prestige est devenu une motivation importante. L'accumulation de richesses et la spéculation sur des biens précieux sont devenues des moyens d'atteindre un statut élevé au sein de la communauté.

1.2.3 L'Innovation et la Croissance :

Le désir de gagner a également été un moteur puissant de l'innovation et de la croissance économique. Les entrepreneurs, à travers l'histoire, ont spéculé sur de nouvelles idées, des inventions, et des entreprises, créant ainsi des opportunités pour eux-mêmes et la société dans son ensemble.

1.2.4 L'Appât du Gain Financier :

Plus récemment, avec le développement des marchés financiers modernes, le désir de gain s'est étendu à des domaines tels que l'investissement en actions, les matières premières et les devises. La possibilité de réaliser des profits substantiels en spéculant sur les fluctuations des prix a attiré d'innombrables individus vers le monde de la finance.

1.2.5 La Complexité de la Psychologie Humaine :

Le désir de gain est souvent accompagné d'émotions complexes telles que la cupidité, la peur, et l'excitation. Comprendre ces émotions est essentiel pour devenir un spéculateur avisé, car elles peuvent influencer les décisions financières de manière significative.

En explorant ces racines profondes du désir de gain, nous nous rendons compte que la spéculation n'est pas simplement une activité économique, mais une partie intégrante de ce qui nous rend humains. Elle est le reflet de notre capacité à anticiper l'avenir, à prendre des risques calculés, et à rechercher l'amélioration constante. Cependant, elle comporte également des défis et des pièges, que nous examinerons plus en détail au fil de ce livre.

1.3 - Évolution de la spéculation avec l'avènement de la monnaie

L'avènement de la monnaie a marqué un tournant décisif dans l'histoire de la spéculation, transformant fondamentalement la manière dont les individus et les sociétés percevaient la valeur, les échanges et les opportunités de gain. Dans ce chapitre, nous explorerons cette révolution économique qui a ouvert la voie à de nouvelles formes de spéculation, tout en introduisant des concepts clés tels que la valeur intrinsèque, la liquidité et la volatilité.

1.3.1 La Monnaie comme Unité de Mesure de la Valeur :

Avant l'apparition de la monnaie, les échanges se faisaient par le biais du troc, un système basé sur l'échange direct de biens. L'introduction de la monnaie a simplifié les transactions en fournissant une unité de mesure commune de la valeur. Cela a permis aux individus de spéculer non seulement sur la rareté des biens eux-mêmes, mais aussi sur la fluctuation des prix en monnaie.

1.3.2 L'Émergence des Marchés Monétaires :

La monnaie a créé la possibilité de marchés financiers où les spéculateurs pouvaient échanger des devises, des métaux précieux et d'autres actifs monétaires. Ces marchés ont donné naissance à de nouvelles opportunités de spéculation, avec des investisseurs cherchant à profiter des variations de taux de change, des taux d'intérêt et des politiques monétaires.

1.3.3 La Volatilité et le Risque :

L'introduction de la monnaie a également apporté un nouvel élément à la spéculation : la volatilité. Les taux de change et les valeurs monétaires peuvent fluctuer considérablement en fonction de facteurs économiques, politiques et géopolitiques. Les spéculateurs ont dû apprendre à gérer cette volatilité et à identifier des opportunités dans les moments de crise.

1.3.4 L'Évolution des Instruments Financiers :

Avec la monnaie est venue l'innovation financière. Les premiers instruments financiers tels que les billets à ordre et les lettres de change ont vu le jour, créant de nouvelles possibilités de spéculation. Au fil du temps, ces instruments se sont développés pour inclure des actions, des obligations, des contrats à terme et des options, ouvrant de nouveaux moyens de spéculation.

L'ère de la mondialisation a rendu les marchés financiers interconnectés à l'échelle internationale. Les spéculateurs d'aujourd'hui peuvent investir dans des actifs du monde entier, profitant ainsi d'une diversification et d'une portée inégalées.

L'évolution de la spéculation avec l'avènement de la monnaie a profondément transformé notre manière de percevoir la valeur, les opportunités et risques. Elle a ouvert la voie à des marchés financiers sophistiqués, tout en exigeant des spéculateurs une compréhension approfondie des mécanismes monétaires, de la volatilité et des instruments financiers. Dans les chapitres à venir, nous explorerons en détail ces éléments essentiels qui sous-tendent la spéculation moderne.

Partie I : La Mécanique de la Spéculation

La spéculation, telle que nous la connaissons aujourd'hui, est une activité complexe, mystérieuse et parfois même controversée. Pour comprendre pleinement son fonctionnement, ses opportunités et ses risques, il est essentiel de plonger au cœur de sa mécanique interne. Cette première partie de notre exploration approfondie de la spéculation vous guidera à travers les fondements de cette discipline, vous aidant ainsi à jeter les bases solides nécessaires pour une navigation réussie dans le monde de la spéculation.

Dans les chapitres à venir, nous disséquerons la spéculation sous toutes ses facettes, depuis sa signification profonde jusqu'à la manière dont elle s'inscrit dans le tissu de l'histoire humaine. Nous étudierons les motivations intrinsèques qui poussent les individus à s'engager dans des activités spéculatives, ainsi que les émotions complexes qui les accompagnent.

Nous explorerons les notions de plus-value et de moins-value, les piliers fondamentaux qui définissent le succès ou l'échec dans le domaine de la spéculation. Vous découvrirez comment les spéculateurs évaluent les opportunités de gain tout en surveillant attentivement les risques potentiels. Nous discuterons également des principes de sécurité financière qui sont essentiels pour quiconque se lance dans ce monde.

Enfin, nous plongerons dans les différentes stratégies de spéculation qui ont marqué l'histoire et qui continuent de prospérer aujourd'hui. Que vous soyez intéressé par la spéculation immobilière, financière, artistique, ou toute autre forme d'investissement, ces chapitres vous fourniront des connaissances précieuses pour naviguer dans ces domaines avec confiance.

Préparez-vous à explorer les mécanismes internes de la spéculation, à démystifier les notions clés, et à acquérir une compréhension solide de cette discipline dynamique. Que vous soyez novice en la matière ou que vous souhaitiez approfondir vos connaissances existantes, cette partie vous servira de fondation essentielle pour votre voyage dans le monde fascinant de la spéculation.

2. Les Fondements de la Spéculation

Au cœur de l'art de la spéculation résident des fondements profonds et incontournables, des principes qui guident chaque mouvement, chaque décision et chaque stratégie. Dans cette section, nous plongerons dans l'essence même de la spéculation, explorant les notions fondamentales qui forment la base de cette discipline dynamique. Que vous soyez un novice désireux d'apprendre ou un investisseur chevronné cherchant à approfondir vos connaissances, ce voyage au cœur des fondements de la spéculation vous fournira les clés pour comprendre les rouages internes de cette activité complexe.

Nous commencerons par définir ce qu'est réellement la spéculation, en éclairant ses objectifs, ses mécanismes et son rôle dans l'économie globale. Vous découvrirez que la spéculation est bien plus qu'un simple jeu de hasard ; elle repose sur des bases solides, des processus analytiques et une compréhension profonde des marchés.

Ensuite, nous explorerons les risques et les opportunités inhérents à la spéculation. Nous décortiquerons les émotions qui accompagnent souvent chaque décision de spéculation, et comment les gérer avec intelligence émotionnelle. La spéculation, en tant qu'entreprise audacieuse, comporte toujours un certain degré de vulnérabilité, et la compréhension de ces aspects est essentielle pour tout spéculateur avisé.

Nous discuterons également de la notion de plus-value et de moins-value, deux concepts cruciaux qui définissent le succès ou l'échec dans la spéculation. Vous apprendrez à évaluer les opportunités de gain tout en gardant un œil vigilant sur les risques potentiels, créant ainsi une base solide pour prendre des décisions éclairées.

Enfin, nous aborderons le principe de sécurité financière, une pierre angulaire de toute entreprise de spéculation réussie. Vous comprendrez l'importance de la gestion prudente des ressources, de la diversification des investissements, et de l'élaboration de stratégies de sortie pour minimiser les pertes potentielles.

Alors que nous nous aventurons dans les profondeurs des fondements de la spéculation, préparez-vous à acquérir une compréhension claire et approfondie de cette discipline. Que vous aspiriez à devenir un spéculateur accompli ou que vous cherchiez simplement à mieux comprendre les mécanismes qui sous-tendent les marchés financiers, cette section vous fournira les bases essentielles pour exceller dans le monde de la spéculation.

2.1 - Comprendre la spéculation

La spéculation, souvent entourée de mystère et de malentendus, est une activité financière complexe et omniprésente dans le monde économique moderne. Avant de plonger plus profondément dans ses mécanismes et ses stratégies, il est essentiel de bien comprendre ce qu'est réellement la spéculation. Dans ce chapitre, nous dissiperons les idées préconçues et nous explorerons la nature fondamentale de cette pratique.

2.1.1 La Spéculation en un Mot :

À sa base, la spéculation consiste en l'achat et la vente d'actifs financiers, de biens, ou de toute autre forme de valeur, dans le but de réaliser un profit en exploitant les fluctuations de prix. Elle repose sur l'idée que les prix des actifs peuvent varier dans le temps, créant ainsi des opportunités de gain pour ceux qui peuvent anticiper ces mouvements.

2.1.2 Un Art de l'Anticipation :

La spéculation repose sur la capacité à anticiper l'avenir, que ce soit en identifiant des tendances, en évaluant des risques, ou en prévoyant des événements économiques ou politiques. Les spéculateurs sont des individus ou des entités qui prennent des positions en fonction de leurs convictions sur l'évolution future des marchés.

2.1.3 Risques et Opportunités :

La spéculation comporte une dualité inhérente : d'un côté, elle offre des opportunités de gain potentiellement élevées, mais de l'autre, elle comporte des risques substantiels de perte. Cette tension entre risque et récompense est ce qui attire de nombreux investisseurs vers la spéculation, mais elle nécessite également une gestion prudente pour minimiser les pertes.

2.1.4 Le Rôle de la Spéculation dans l'Économie :

La spéculation ne se limite pas à une activité individuelle ; elle joue un rôle vital dans l'économie globale. Elle contribue à l'établissement des prix sur les marchés, à la découverte des valeurs intrinsèques des actifs, et à l'allocation efficace des ressources financières.

2.1.5 La Complexité des Marchés :

Les marchés financiers sont des arènes complexes, influencées par une multitude de facteurs, tels que l'offre et la demande, les nouvelles économiques, les politiques monétaires, et même les émotions des participants. La spéculation implique la navigation dans ce paysage dynamique.

2.1.6 Démystifier la Spéculation :

Alors que la spéculation peut sembler opaque et réservée à une élite financière, elle est en réalité accessible à quiconque est prêt à investir du temps dans la compréhension de ses principes fondamentaux. Elle offre des opportunités de diversification de portefeuille et de croissance financière pour les investisseurs de tous horizons.

En comprenant les bases de la spéculation, vous jetterez les fondations nécessaires pour explorer plus en détail les stratégies, les risques et les opportunités qui façonnent ce domaine fascinant. Cette compréhension vous permettra de naviguer dans le monde de la spéculation avec une perspective éclairée et une confiance accrue.

2.2 - Risques et Opportunités : Naviguer Prudemment dans les Flots de la Spéculation

Cher lecteur, alors que nous plongeons plus profondément dans l'univers captivant de la spéculation, il est impératif de comprendre qu'il s'agit d'un terrain parsemé de dangers, tout autant que de trésors. Dans ce chapitre, nous aborderons les réalités incontournables des risques et des opportunités qui accompagnent chaque pas que vous ferez dans le monde de la spéculation. Il est de notre devoir de vous éveiller à ces enjeux, car la conscience des risques est la première étape vers une spéculation avisée.

2.2.1 La Dualité de la Spéculation :

Comme mentionné précédemment, la spéculation est une activité où les récompenses et les risques se tiennent étroitement la main. Toute opportunité de gain potentiellement élevé s'accompagne du spectre des pertes significatives. Comprenez que les marchés financiers sont souvent imprévisibles, et que même les spéculateurs les plus expérimentés peuvent subir des revers.

2.2.2 L'Émotion en Jeu :

Lorsque vous entrez dans l'arène de la spéculation, vous vous trouvez dans un environnement où les émotions peuvent prendre le dessus. La cupidité peut vous pousser à prendre des risques excessifs, tandis que la peur peut vous inciter à vendre prématurément. La spéculation demande une discipline émotionnelle inébranlable pour résister à ces impulsions.

2.2.3 Les Risques Systémiques :

N'oubliez pas que les marchés financiers sont interconnectés à l'échelle mondiale. Des événements économiques, politiques ou géopolitiques inattendus peuvent déclencher des crises majeures, avec des conséquences dévastatrices pour les investisseurs. La diversification et une gestion de portefeuille prudente sont vos alliées contre de tels risques.

2.2.4 La Volatilité Inhérente :

Les marchés financiers sont caractérisés par leur volatilité, avec des prix qui peuvent fluctuer considérablement en peu de temps. Si cette volatilité offre des opportunités de gain, elle expose également les investisseurs à des pertes potentielles importantes. La spéculation exige une compréhension approfondie de ces mouvements de prix.

2.2.5 L'Appel de la Diversification :

Diversifier votre portefeuille est une stratégie essentielle pour réduire les risques liés à la spéculation. Ne mettez pas tous vos œufs dans le même panier. Répartissez vos investissements sur différentes classes d'actifs et géographies pour minimiser l'impact de pertes potentielles sur l'ensemble de votre patrimoine.

2.2.6 Un Appel à la Prudence :

L'intention de ce chapitre n'est pas de vous dissuader de la spéculation, mais de vous éveiller à la réalité des risques qui l'accompagnent. Les opportunités de gain sont bien réelles, mais elles sont souvent précédées de défis et de sacrifices. La spéculation nécessite une approche réfléchie, une gestion responsable et un engagement constant à apprendre.

Cher lecteur, nous vous exhortons à considérer chaque mot de ce chapitre comme une lanterne vous guidant dans l'obscurité des risques qui jalonnent le chemin de la spéculation. Gardez à l'esprit que l'éveil à ces réalités est une étape cruciale vers une spéculation éclairée et responsable. Prenez vos décisions avec soin, et souvenez-vous toujours que la prudence est la compagne fidèle de la réussite dans le monde de la spéculation.

2.3 - Les Émotions en Jeu : Votre Plus Grand Atout, Votre Plus Grand Adversaire

Cher lecteur, dans le domaine de la spéculation, votre esprit est à la fois votre plus grand atout et votre plus grand adversaire. En ce chapitre, nous plongerons profondément dans le rôle des émotions dans le processus de spéculation. Comprendre comment vos émotions influencent vos décisions est essentiel, car elles peuvent être à la fois votre allié le plus puissant et votre ennemi le plus redoutable.

2.3.1 L'Équilibre Délicat :

La spéculation est une activité émotionnellement intense. Lorsque votre argent est en jeu, il est naturel de ressentir un large éventail d'émotions : la cupidité lorsque les profits montent, la peur lorsque les pertes se creusent, et l'excitation à chaque mouvement du marché. L'équilibre entre ces émotions est la clé.

2.3.2 La Cupidité :

La cupidité peut être un moteur puissant de la spéculation, mais elle peut aussi être le piège qui vous mène à la perte. Lorsque les gains s'accumulent, la tentation de pousser plus loin peut vous amener à prendre des risques excessifs. Apprenez à reconnaître cette émotion et à la canaliser.

2.3.3 La Peur :

La peur est l'émotion qui vous pousse à vendre précipitamment lorsque les marchés fléchissent. Elle peut vous inciter à abandonner une stratégie solide sous l'effet de la panique. La maîtrise de la peur est essentielle pour éviter de prendre des décisions impulsives.

2.3.4 L'Excitation :

L'excitation est contagieuse sur les marchés, mais elle peut aussi vous aveugler. Lorsque vous êtes emporté par l'euphorie des gains, vous risquez de ne pas voir les signaux de prudence. Restez calme et vigilant même dans les moments d'excitation.

2.3.5 La Rationalité :

Pour contrôler vos émotions, revenez toujours à la rationalité. Développez une stratégie de spéculation solide et respectez-la, même lorsque les émotions menacent de vous submerger. Avoir un plan et des règles claires peut vous aider à éviter les pièges émotionnels.

2.3.6 L'Apprentissage de la Gestion Émotionnelle :

La gestion émotionnelle est un apprentissage continu. Apprenez à reconnaître vos propres réactions émotionnelles et à les contrôler. Ne laissez pas la psychologie humaine saboter vos décisions financières.

2.3.7 L'Ennemi Invisible :

Souvenez-vous que vos émotions peuvent être un ennemi invisible dans le monde de la spéculation. Les marchés ne sont pas seulement un jeu de nombres, mais aussi un jeu mental. La clé du succès réside dans la maîtrise de ces émotions.

Cher lecteur, vous êtes désormais conscient de l'importance cruciale de la gestion émotionnelle dans la spéculation. Vos émotions sont à la fois votre boussole et votre tempête, et il est de votre devoir de les apprivoiser pour prospérer dans ce monde complexe. Gardez à l'esprit que la maîtrise de soi est l'une des compétences les plus précieuses que vous puissiez développer en tant que spéculateur.

3. Plus-Value vs. Moins-Value

L'un des piliers fondamentaux de la spéculation repose sur l'évaluation minutieuse des risques et des récompenses. Cela se manifeste à travers la compréhension essentielle de la notion de plus-value et de moins-value. Dans cette section, nous explorerons ces concepts clés qui guident chaque décision de spéculation. La capacité de distinguer les opportunités de gain des pièges potentiels est un élément essentiel de la réussite dans le monde complexe de la spéculation.

Tout d'abord, nous plongerons dans la notion de plus-value, qui représente le cœur de la spéculation. La plus-value est le potentiel de réaliser des gains significatifs en investissant dans des actifs dont la valeur est susceptible d'augmenter. Nous explorerons les différentes formes de plus-value, des opportunités sur les marchés boursiers aux investissements dans des biens tangibles tels que l'immobilier, l'art, et les matières premières.

Ensuite, nous examinerons attentivement la face opposée de la médaille : la moins-value. La moins-value représente les risques et les pertes possibles qui accompagnent chaque investissement. Nous aborderons les facteurs qui peuvent conduire à des moins-values, tels que les fluctuations du marché, les événements économiques, et les erreurs de spéculation. Comprendre ces risques est essentiel pour protéger votre capital.

Enfin, nous discuterons des principes de sécurité financière, un ensemble de stratégies et de pratiques qui visent à minimiser les pertes potentielles et à préserver votre capital. Ces principes sont essentiels pour tout spéculateur sérieux, car ils vous aident à gérer les risques inhérents à la spéculation tout en recherchant les opportunités de plus-value.

Cher lecteur, à travers cette section, nous vous guiderons dans la compréhension des concepts de plus-value et de moins-value, vous aidant ainsi à évaluer chaque opportunité de spéculation avec discernement et à minimiser les risques. La capacité de peser les récompenses et les dangers est un atout inestimable dans votre parcours en tant que spéculateur averti.

3.1 - Les Bénéfices Potentiels de la Spéculation : Une Vue Objectivement Équilibrée

Lorsque nous abordons la spéculation, il est crucial de garder à l'esprit qu'elle n'est ni une formule magique pour la richesse instantanée ni une route pavée d'or garantissant des profits constants. Cependant, il est tout aussi important de reconnaître qu'il existe des bénéfices potentiels à la spéculation, bien qu'ils s'accompagnent de leurs propres défis et incertitudes.

3.1.Possibilités de Croissance de Capital :

L'un des avantages les plus souvent associés à la spéculation est la possibilité de faire croître votre capital. Lorsque vous identifiez judicieusement des opportunités de plus-value et que vos investissements se révèlent fructueux, vous pouvez réaliser des gains significatifs.

3.1.2 Diversification de Portefeuille :

La spéculation offre la possibilité de diversifier votre portefeuille, ce qui peut être un élément clé d'une gestion financière prudente. En investissant dans différents types d'actifs, tels que des actions, de l'immobilier, des matières premières, ou même des œuvres d'art, vous pouvez réduire le risque global de votre portefeuille.

3.1.3 Opportunités à Court Terme :

Pour ceux qui recherchent des opportunités à court terme, la spéculation peut fournir un terrain fertile. Les marchés financiers offrent des instruments tels que les contrats à terme, les options et les devises, qui permettent des investissements plus rapides et des gains potentiels en peu de temps.

3.1.4 Participation au Marché Global :

Grâce à la spéculation, vous avez la possibilité de participer à l'économie globale et de profiter des fluctuations des marchés mondiaux. Cela peut vous offrir un accès à des opportunités d'investissement diversifiées que vous ne trouveriez peut-être pas localement.

3.1.5 Stimulation de l'Innovation :

La spéculation peut stimuler l'innovation en finançant des projets et des idées novatrices. Les investisseurs spéculatifs soutiennent souvent des entreprises et des startups à fort potentiel, contribuant ainsi à la croissance économique et à la création d'emplois.

Cependant, il est crucial de garder à l'esprit que la spéculation est intrinsèquement liée aux risques, et que les bénéfices potentiels ne sont jamais garantis. Chaque opportunité de gain doit être évaluée avec soin, en tenant compte des facteurs de risque associés. La spéculation exige une gestion financière responsable, une connaissance approfondie des marchés, et la capacité à naviguer dans un environnement financier complexe.

Dans les chapitres suivants, nous aborderons également les réalités des risques inhérents à la spéculation. Avoir une compréhension équilibrée des bénéfices potentiels et des défis vous aidera à prendre des décisions plus éclairées dans votre parcours de spéculation.

3.2 - Gérer les Risques et les Pertes : La Clé de la Spéculation Responsable

Lorsque vous vous aventurez dans le monde de la spéculation, la gestion des risques et des pertes devient une compétence fondamentale. Bien que la spéculation puisse offrir des opportunités de gain, elle comporte également des risques significatifs. Voici quelques conseils judicieux, pertinents et éclairés pour gérer ces risques de manière responsable.

3.2.1 Établissez un Plan de Spéculation Solide :

Avant de prendre position sur un actif financier, élaborez un plan de spéculation clair et précis. Définissez vos objectifs, votre horizon de temps, et votre seuil de pertes acceptable. Avoir un plan vous aidera à prendre des décisions rationnelles et à éviter de vous laisser emporter par vos émotions.

3.2.2 Diversifiez Votre Portefeuille :

Ne mettez pas tous vos œufs dans le même panier. La diversification est une stratégie clé pour réduire les risques. Investissez dans une variété d'actifs, de secteurs et de géographies pour minimiser l'impact des pertes potentielles sur l'ensemble de votre portefeuille.

3.2.3 Limitez Votre Exposition :

Ne risquez jamais plus que vous ne pouvez vous permettre de perdre. Utilisez des ordres stop-loss pour définir à l'avance le niveau de perte que vous êtes prêt à tolérer. Cette pratique vous aidera à préserver votre capital en cas de mouvements de marché défavorables.

3.2.4 Évitez l'Effet de Levier Excessif :

L'effet de levier peut amplifier à la fois les gains et les pertes. Utilisez-le avec précaution et comprenez pleinement son fonctionnement avant de l'appliquer. Une utilisation excessive de l'effet de levier peut entraîner des pertes dévastatrices.

3.2.5 Restez Calme en Toutes Circonstances :

La spéculation peut être émotionnellement intense, mais il est essentiel de rester calme en toutes circonstances. Évitez de prendre des décisions impulsives en réaction à des fluctuations temporaires du marché. Gardez toujours à l'esprit votre plan de spéculation.

3.2.6 Éduquez-Vous en Continu :

Les marchés financiers évoluent constamment, et la spéculation exige une compréhension approfondie. Investissez du temps dans l'éducation financière, suivez l'actualité économique, et apprenez des experts. Plus vous en saurez, plus vous serez prêt à prendre des décisions éclairées.

3.2.7 Gérez Vos Émotions :

Les émotions peuvent être vos alliées ou vos ennemies en spéculation. Apprenez à les reconnaître et à les gérer. Si la peur ou la cupidité prennent le dessus, prenez du recul et réfléchissez rationnellement avant de prendre des décisions.

3.2.8 Soyez Prêt à Accepter des Pertes :

La spéculation n'est pas sans risque, et les pertes font partie intégrante du jeu. Soyez prêt à accepter des pertes occasionnelles. L'important est de gérer ces pertes de manière responsable et de les considérer comme des occasions d'apprentissage.

En suivant ces conseils judicieux et en cultivant une approche responsable de la spéculation, vous serez mieux préparé à faire face aux défis et aux opportunités qui se présentent sur les marchés financiers. La gestion des risques et des pertes est la pierre angulaire de la spéculation réussie et de la préservation de votre capital à long terme.

3.3 - Principe de Sécurité Financière : Des Fondements Pertinents et Accessibles

La sécurité financière est la clé de voûte de toute activité de spéculation durable et réussie. Dans cette section, nous explorerons des principes fondamentaux qui sont à la fois pertinents et faciles à comprendre, vous aidant ainsi à préserver et à faire croître votre capital de manière responsable.

3.3.1 Établir un Fonds d'Urgence :

Avant de vous lancer dans la spéculation, assurez-vous d'avoir un fonds d'urgence solide. Ce fonds devrait couvrir vos dépenses courantes pendant au moins trois à six mois en cas de perte soudaine de revenu. Il vous offre une sécurité financière essentielle pour faire face aux imprévus.

3.3.2 Ne Spéculez Jamais avec de l'Argent Dont Vous Avez Besoin :

La spéculation doit être effectuée uniquement avec des fonds que vous pouvez vous permettre de perdre. Évitez de spéculer avec de l'argent nécessaire pour couvrir vos dépenses essentielles, vos dettes ou vos objectifs financiers à long terme.

3.3.3 Fixez des Limites de Perte et de Gain :

Avant chaque transaction, définissez des limites claires pour les pertes que vous êtes prêt à supporter et les gains que vous visez. Respectez ces limites de manière disciplinée, même lorsque les émotions vous incitent à dévier de votre plan initial.

3.3.4 Diversifiez Vos Investissements :

Évitez de concentrer l'ensemble de votre capital sur une seule spéculation ou un seul type d'actif. Diversifiez vos investissements en répartissant votre capital sur différentes classes d'actifs et géographies. Cela réduit le risque global de votre portefeuille.

3.3.5 Investissez dans Votre Éducation Financière :

Le savoir est votre meilleur atout en spéculation. Investissez dans votre éducation financière en lisant des livres, en suivant des cours, et en restant informé des développements du marché. Plus vous en saurez, plus vous serez capable de prendre des décisions éclairées.

3.3.6 Soyez Prêt à Apprendre de Vos Erreurs :

Les erreurs font partie intégrante de la spéculation. Ne les considérez pas comme des échecs, mais comme des occasions d'apprendre et de vous améliorer. Réfléchissez à vos décisions passées, identifiez les erreurs, et ajustez votre approche en conséquence.

3.3.7 Évitez de Suivre Aveuglément les Foules :

Ne vous laissez pas emporter par l'euphorie ou la panique du marché. Évitez de suivre aveuglément les foules d'investisseurs. Basez vos décisions sur une analyse rationnelle et une compréhension approfondie des actifs dans lesquels vous investissez.

3.3.8 Ne Sous-Estimez Pas les Frais et les Impôts :

Lorsque vous spéculez, prenez en compte les frais de transaction et les obligations fiscales. Ces coûts peuvent avoir un impact significatif sur vos gains nets. Assurez-vous de les inclure dans votre plan financier.

En intégrant ces principes de sécurité financière dans votre approche de la spéculation, vous serez mieux préparé à gérer les risques tout en recherchant les opportunités de plus-value. La clarté, la discipline, et la gestion prudente de votre capital sont les éléments clés pour une spéculation responsable et durable.

4. Stratégies de Spéculation

Dans cette section, nous plongerons dans l'univers fascinant des stratégies de spéculation. Chaque approche de spéculation a ses propres règles, techniques et méthodes. Nous vous guiderons à travers cinq sections distinctes, chacune explorant une facette différente de la spéculation. Ces sections vous fourniront un aperçu complet des stratégies de spéculation.

4.1 - Spéculation foncière : de la Rareté à la viabilité

Dans cette section, nous explorerons plus en détail les subtilités de la spéculation foncière, dévoilant les rouages qui sous-tendent cette forme d'investissement fascinante et complexe.

4.1.1 Identifier les Opportunités :

La première étape cruciale en spéculation foncière est l'identification d'opportunités prometteuses. Cela implique une recherche minutieuse, à la fois sur le marché immobilier local et sur les facteurs qui influencent la demande foncière. Les spéculateurs examinent souvent les plans d'urbanisme, les projets d'infrastructure, et les tendances démographiques pour repérer des zones propices à la croissance future.

4.1.2 Considérations Juridiques et Réglementaires :

La spéculation foncière nécessite une compréhension approfondie des lois et réglementations locales. Les spéculateurs doivent naviguer dans un paysage complexe de zonage, de permis de construction, de taxes foncières, et d'autres aspects juridiques. Ils peuvent également être confrontés à des restrictions environnementales ou historiques.

4.1.3 L'Art de la Négociation :

La spéculation foncière implique souvent des négociations habiles pour acquérir des terrains à des prix avantageux. Les spéculateurs doivent être en mesure de négocier avec les propriétaires actuels, les promoteurs, ou les agences gouvernementales pour obtenir les meilleures conditions possibles.

4.1.4 La Viabilisation du Terrain :

Une fois un terrain acquis, la viabilisation est une étape essentielle. Cela peut inclure la construction d'infrastructures de base telles que des routes, des réseaux d'eau et d'électricité, ou des systèmes d'assainissement. La viabilisation peut être coûteuse, mais elle est souvent nécessaire pour débloquer le potentiel d'un terrain.

4.1.5 Le Timing Opportun :

La spéculation foncière exige une compréhension aiguisée du timing. Les spéculateurs surveillent attentivement les évolutions du marché et cherchent le moment propice pour vendre le terrain avec une plus-value significative. Cela peut dépendre de facteurs tels que la demande du marché, les développements locaux, ou les cycles économiques.

4.1.6 Gérer les Risques :

Comme pour toute forme de spéculation, la spéculation foncière comporte des risques. Les spéculateurs doivent être prêts à faire face aux imprévus tels que les changements de réglementation, les fluctuations économiques, ou les problèmes environnementaux. Une gestion des risques prudente est essentielle pour protéger leur investissement.

La spéculation foncière est un domaine où la rareté d'aujourd'hui peut se transformer en viabilité et en valeur future. Les spéculateurs qui maîtrisent les subtilités de ce secteur peuvent réaliser des gains potentiels significatifs. Cependant, cela demande de la diligence, de la patience, et une compréhension approfondie des marchés fonciers locaux et des réglementations en vigueur. En explorant cette section, vous serez mieux préparé à aborder la spéculation foncière avec discernement et compétence.

4.2 - Spéculation Immobilière : De la Périphérie au Prestige

La spéculation immobilière est une stratégie d'investissement qui repose sur l'acquisition ou la construction de biens immobiliers dans l'objectif de réaliser des gains substantiels à long terme. Dans cette section, nous explorerons comment les spéculateurs immobiliers naviguent dans le marché, passant de quartiers périphériques à des quartiers prestigieux pour maximiser la valeur de leurs investissements.

4.2.1 Début dans la Périphérie :

La spéculation immobilière commence souvent par l'exploration de quartiers en périphérie des zones urbaines. Ces zones sont généralement moins chères et moins développées, offrant ainsi aux spéculateurs la possibilité d'acquérir des biens immobiliers à des prix abordables.

4.2.2 Identification des Tendances :

Les spéculateurs immobiliers suivent de près les tendances du marché. Ils surveillent l'évolution de la demande, les plans d'urbanisme, et les projets d'infrastructure qui pourraient transformer une zone périphérique en un quartier prisé.

4.2.3 Investissements Stratégiques :

Les spéculateurs acquièrent des biens immobiliers dans ces quartiers en transition. Ils peuvent les rénover, les améliorer, ou simplement attendre que la demande augmente naturellement. Le but est de réaliser une plus-value lorsque la valeur du bien immobilier augmente significativement.

4.2.4 Gentrification :

L'un des aspects clés de la spéculation immobilière est la gentrification, qui se produit lorsque des quartiers en périphérie subissent une transformation radicale, attirant une population plus aisée. Les spéculateurs profitent de cette transition en vendant leurs biens à des prix plus élevés.

4.2.5 L'Importance de l'Emplacement :

L'emplacement est un facteur clé en spéculation immobilière. Les biens immobiliers bien situés ont plus de chances de prendre de la valeur. Les spéculateurs recherchent des quartiers avec un potentiel de croissance et un attrait pour les futurs acheteurs ou locataires.

4.2.6 Le Passage au Prestige :

Au fil du temps, les spéculateurs immobiliers peuvent choisir de passer de quartiers en périphérie à des quartiers prestigieux. Cette transition exige souvent une compréhension approfondie du marché, une gestion financière avisée, et la capacité de saisir les opportunités au bon moment.

4.2.7 Les Risques Inhérents :

La spéculation immobilière comporte des risques, notamment la volatilité du marché, les coûts imprévus de rénovation, et les changements dans la demande. Les spéculateurs doivent être prêts à faire face à ces défis tout en cherchant à réaliser des gains.

En plongeant dans cette section, vous découvrirez les stratégies, les défis, et les opportunités liées à la spéculation immobilière. De la périphérie au prestige, cette stratégie permet aux investisseurs de transformer des biens immobiliers en actifs de grande valeur. Cependant, elle exige une compréhension approfondie du marché et une gestion prudente pour réussir dans ce domaine compétitif.

4.3 - Spéculation dans l'Art, le Vin et les Métaux Précieux : Des Actifs uniques en Spéculation

La spéculation ne se limite pas aux marchés financiers ou à l'immobilier. Elle s'étend également à des domaines uniques tels que l'art, le vin et les métaux précieux. Dans cette section, nous explorerons comment les investisseurs peuvent tirer parti de la spéculation dans ces actifs particuliers, en mettant en lumière les défis et les opportunités qui les caractérisent.

4.3.1 - Spéculation sur les Œuvres d'Art : Les Trésors de la Créativité

L'investissement dans les œuvres d'art a longtemps fasciné les amateurs d'art et les investisseurs. L'attrait de la spéculation sur les œuvres d'art réside dans la possibilité de posséder des pièces uniques tout en espérant qu'elles prennent de la valeur avec le temps. Cette section explore en détail les mécanismes de la spéculation sur les œuvres d'art, en mettant en lumière les facteurs qui influencent leur valeur.

4.3.1.1 Diversité Artistique :

Le monde de l'art est vaste et diversifié, offrant une multitude de possibilités pour la spéculation. Les investisseurs peuvent s'intéresser à des artistes émergents ou à des maîtres de renommée mondiale, à la peinture, à la sculpture, à la photographie, ou à d'autres formes d'expression artistique. Le choix de l'artiste et du genre artistique est un élément clé de la spéculation.

4.3.1.2 La Notoriété de l'Artiste :

La renommée de l'artiste joue un rôle majeur dans la valorisation d'une œuvre d'art. Les investisseurs recherchent souvent des artistes émergents ou sous-estimés dont le potentiel de devenir des figures importantes du monde de l'art est élevé. La reconnaissance croissante de l'artiste peut propulser la valeur de ses œuvres.

4.3.1.3 Les Tendances du Marché de l'Art :

Le marché de l'art est influencé par des tendances, des mouvements artistiques et des préférences changeantes des collectionneurs. La spéculation réussie implique d'anticiper ces tendances. Les investisseurs surveillent de près les ventes aux enchères, les expositions, et les mouvements des prix pour détecter des opportunités.

4.3.1.4 Conservation et Authentification :

La condition de l'œuvre et son authenticité sont essentielles pour déterminer sa valeur. Les investisseurs se tournent vers des experts en conservation et des spécialistes en authenticité pour s'assurer de la qualité de leurs acquisitions. Une œuvre bien entretenue et documentée est plus susceptible de maintenir ou d'augmenter sa valeur.

4.3.1.5 Le Rôle des Galeries et des Maisons de Vente :

Les galeries d'art et les maisons de vente aux enchères jouent un rôle crucial dans la spéculation sur les œuvres d'art. Les investisseurs peuvent acheter des œuvres directement auprès d'artistes, de galeries ou participer à des enchères publiques. Le choix de la méthode d'acquisition dépend de la stratégie de spéculation.

4.3.1.6 La Patience et l'Expertise :

La spéculation sur les œuvres d'art nécessite de la patience et de l'expertise. Les investisseurs doivent être prêts à conserver leurs œuvres pendant de nombreuses années, voire des décennies, pour réaliser des gains significatifs. L'expertise dans le domaine de l'art est également précieuse pour évaluer le potentiel de spéculation.

Investir dans les œuvres d'art est une aventure à la fois esthétique et financière. Bien que cela puisse être gratifiant, il est important de noter que le marché de l'art est également volatile et exigeant. Les investisseurs dans ce domaine doivent combiner une passion pour l'art avec une compréhension profonde du marché et une gestion prudente de leurs acquisitions pour réussir dans la spéculation sur les œuvres d'art.

4.3.2 - Spéculation sur le Vin et les Grands Millésimes : L'Art de l'Investissement Œnologique

Le marché du vin est un domaine passionnant pour les amateurs de vin et les investisseurs. La spéculation sur le vin implique l'acquisition de bouteilles de grands millésimes avec l'espoir qu'elles prennent de la valeur au fil du temps. Cette section vous plongera dans les mécanismes de la spéculation sur le vin, en mettant en lumière les facteurs qui influencent la valeur des bouteilles de vin et comment construire une cave à vin rentable.

4.3.2.1 Les Grands Millésimes :

Les investisseurs en vin se tournent souvent vers les grands millésimes, ces années exceptionnelles où les conditions météorologiques ont produit des raisins de qualité supérieure. Les vins issus de ces millésimes sont plus susceptibles de gagner en valeur avec le temps, en raison de leur rareté et de leur qualité exceptionnelle.

4.3.2.2 Le Rôle de la Cave :

La spéculation sur le vin nécessite une cave de vin bien organisée. Les investisseurs doivent stocker leurs bouteilles dans des conditions optimales de température, d'humidité et d'obscurité pour préserver leur qualité. Une cave à vin bien gérée contribue à maintenir et à augmenter la valeur des bouteilles.

4.3.2.3 La Notoriété du Domaine :

Le domaine viticole qui produit le vin joue un rôle crucial dans la spéculation sur le vin. Les investisseurs se tournent souvent vers les domaines renommés, dont la réputation contribue à la valeur des bouteilles. La reconnaissance internationale et les critiques positives peuvent stimuler la demande.

4.3.2.4 La Demande du Marché :

La spéculation sur le vin est également influencée par la demande du marché. Les investisseurs surveillent les tendances de consommation, les préférences des collectionneurs, et les mouvements des prix. Les vins recherchés par les connaisseurs peuvent voir leur valeur augmenter considérablement.

4.3.2.5 L'Investissement à Long Terme :

La spéculation sur le vin est généralement un investissement à long terme. Les investisseurs doivent être prêts à conserver leurs bouteilles pendant plusieurs années, voire des décennies, pour réaliser des gains significatifs. La patience est une vertu précieuse dans ce domaine.

4.3.2.6 La Diversification :

Comme pour tout investissement, la diversification est importante en spéculation sur le vin. Les investisseurs peuvent choisir d'acquérir une variété de bouteilles de différents millésimes, régions viticoles et cépages pour réduire les risques et maximiser les opportunités.

La spéculation sur le vin offre aux investisseurs la possibilité de combiner passion et profit. Cependant, il est essentiel de noter que le marché du vin est complexe et soumis à des fluctuations. La spéculation réussie sur le vin exige une connaissance approfondie du domaine, un stockage adéquat, et une compréhension des dynamiques du marché. En explorant cette section, vous serez mieux préparé à explorer les délices de la spéculation œnologique.

4.3.3 - Spéculation dans les Métaux Précieux : L'Or et l'Argent en Lumière

L'or, l'argent, le platine, et d'autres métaux précieux ont captivé l'humanité depuis des millénaires en tant qu'actifs de spéculation. Cette section vous plongera dans l'univers fascinant de la spéculation dans les métaux précieux, en explorant pourquoi les investisseurs se tournent vers ces actifs pour protéger leur capital et réaliser des gains, tout en abordant les défis qui les accompagnent.

4.3.3.1 La Valeur Intrinsèque :

Les métaux précieux ont une valeur intrinsèque grâce à leurs propriétés uniques, telles que la résistance à la corrosion et la conductivité électrique. Cette valeur sous-jacente en fait un choix attrayant pour les investisseurs qui cherchent à préserver leur capital, en particulier en période d'incertitude économique.

4.3.3.2 L'Histoire de la Confiance :

L'or, en particulier, a une longue histoire en tant que réserve de valeur et monnaie d'échange. Les investisseurs ont confiance dans la stabilité de l'or, ce qui en fait un refuge sûr en temps de crise. L'argent et le platine sont également recherchés pour leurs qualités similaires.

4.3.3.3 Diversification du Portefeuille :

Les métaux précieux offrent une diversification précieuse pour les portefeuilles d'investissement. Ils ont tendance à avoir une corrélation inverse avec les actions et les obligations, ce qui signifie qu'ils peuvent se comporter différemment en période de turbulences sur les marchés financiers.

4.3.3.4 Volatilité des Prix :

La spéculation dans les métaux précieux peut être marquée par des niveaux de volatilité significatifs. Les prix de l'or et de l'argent, par exemple, peuvent fluctuer en réponse à des facteurs tels que l'inflation, les taux d'intérêt, la géopolitique, et la demande des consommateurs.

4.3.3.5 Différents Modes de Possession :

Les investisseurs peuvent détenir des métaux précieux de différentes manières, y compris sous forme de lingots, de pièces de monnaie, de contrats à terme, ou de fonds négociés en bourse (ETF). Le choix dépend des préférences personnelles et des objectifs d'investissement.

4.3.3.6 Les Défis de la Conservation :

La conservation des métaux précieux en toute sécurité est un défi important. Les investisseurs doivent prendre des mesures pour protéger leurs actifs contre le vol, la détérioration et les catastrophes naturelles. Les coffres-forts, les installations de stockage spécialisées, et les assurances sont des considérations importantes.

La spéculation dans les métaux précieux offre aux investisseurs la possibilité de s'engager dans un domaine riche en histoire et en potentiel de gain. Cependant, il est essentiel de comprendre les dynamiques complexes qui influencent les prix des métaux précieux et de gérer les risques liés à la volatilité. En explorant cette section, vous serez mieux préparé à naviguer dans le monde fascinant de la spéculation dans les métaux précieux.

Chacun de ces actifs - l'art, le vin et les métaux précieux - offre des opportunités uniques en matière de spéculation, mais il est essentiel de comprendre les subtilités de chaque domaine. Cette section vous guidera à travers ces opportunités et vous fournira des informations essentielles pour prendre des décisions éclairées lors de la spéculation dans ces actifs spécifiques. Que vous soyez un investisseur chevronné ou que vous souhaitiez simplement explorer de nouvelles méthodes de spéculation, cette section vous permettra de mieux comprendre ces marchés uniques.

4.4 - Spéculation Financière : Trouver la Valeur Intrinsèque

La spéculation financière est un domaine qui attire les investisseurs à la recherche de rendements lucratifs sur les marchés boursiers et financiers. Cette section explore la spéculation financière en se concentrant sur la quête de la valeur intrinsèque des actifs, une approche fondamentale pour les investisseurs qui cherchent à tirer profit des fluctuations des prix des actions et des titres financiers.

4.4.1 Analyse Fondamentale :

La spéculation financière repose souvent sur l'analyse fondamentale, qui vise à évaluer la valeur intrinsèque d'un actif financier. Les investisseurs examinent les états financiers, les ratios de valorisation, la croissance des revenus, les perspectives de l'entreprise, et d'autres facteurs pour déterminer si une action ou un titre est sous-évalué ou surévalué.

4.4.2 Acheter Sous la Valeur Intrinsèque :

Les spéculateurs financiers cherchent à acheter des actifs dont le prix est inférieur à leur valeur intrinsèque perçue. Cela leur permet de réaliser un profit lorsque le marché réajuste le prix pour refléter la valeur réelle de l'actif.

4.4.3. Les Marchés Boursiers :

Les marchés boursiers sont souvent le terrain de jeu de la spéculation financière. Les spéculateurs achètent et vendent des actions en fonction de leurs prévisions sur la performance future de l'entreprise. Les mouvements de marché, les annonces d'entreprises, et les nouvelles économiques peuvent avoir un impact significatif sur les prix des actions.

4.4.4 Les Produits Dérivés :

Les produits dérivés, tels que les options et les contrats à terme, sont couramment utilisés en spéculation financière. Ils permettent aux investisseurs de parier sur la direction future des prix des actifs, que ce soit à la hausse (position longue) ou à la baisse (position courte).

4.4.5 Le Risque et la Volatilité :

La spéculation financière comporte des risques importants. Les marchés financiers sont soumis à une volatilité considérable, ce qui signifie que les prix peuvent fluctuer rapidement et de manière imprévisible. Les spéculateurs doivent être prêts à gérer ces risques et à mettre en place des stratégies de gestion des pertes.

4.4.6 L'Importance de la Recherche :

La spéculation financière exige une recherche minutieuse et une compréhension approfondie des marchés. Les investisseurs doivent surveiller de près les actualités financières, analyser les tendances, et rester informés des développements économiques mondiaux.

4.4.7 Gérer l'Effet de Levier :

Certains investisseurs utilisent l'effet de levier pour amplifier leurs gains potentiels. Cela implique d'emprunter des fonds pour investir, ce qui peut augmenter les bénéfices, mais aussi les pertes. La gestion prudente de l'effet de levier est essentielle.

La spéculation financière est un domaine complexe qui demande une analyse approfondie, une gestion des risques prudente, et une compréhension des marchés. En cherchant à déterminer la valeur intrinsèque des actifs financiers, les spéculateurs financiers espèrent réaliser des gains en anticipant les mouvements futurs des prix. Cette section vous guidera à travers les aspects clés de la spéculation financière et vous aidera à mieux comprendre cette approche d'investissement dynamique.

4.5 - Comptes sur Marge et Effet de Levier : La Complexité et les Risques de la Spéculation

La spéculation financière peut devenir encore plus complexe et risquée lorsqu'elle implique l'utilisation de comptes sur marge et d'effet de levier. Cette section se penche sur ces concepts avancés qui offrent des opportunités de gains considérables, mais qui présentent également des risques significatifs pour les investisseurs.

4.5.1 Comptes sur Marge :

Les comptes sur marge permettent aux investisseurs d'emprunter de l'argent auprès de leur courtier pour investir davantage que ce qu'ils ont initialement déposé. Cela peut amplifier les gains potentiels, car les investisseurs peuvent contrôler une plus grande quantité d'actifs que leur capital initial ne le permettrait.

4.5.2 L'Effet de Levier :

L'effet de levier est la capacité à utiliser des fonds empruntés pour augmenter la taille d'une position. Par exemple, un effet de levier de 2:1 signifie qu'un investisseur peut contrôler deux fois la valeur de son capital initial. Cela peut multiplier à la fois les gains et les pertes.

4.5.3 Complexité Accrue :

Les comptes sur marge et l'effet de levier ajoutent une couche de complexité aux opérations de spéculation. Les investisseurs doivent gérer non seulement leurs positions, mais aussi leurs obligations de remboursement de la marge, les taux d'intérêt associés, et les appels de marge éventuels.

4.5.4 Risques Élevés :

L'utilisation de la marge et de l'effet de levier comporte des risques élevés. Les pertes peuvent s'accumuler rapidement, et si le marché se déplace contre un investisseur, il peut être appelé à rembourser la marge immédiatement, ce qui peut entraîner des pertes importantes.

4.5.5 Gestion Rigoureuse Requise :

Les investisseurs utilisant la marge et l'effet de levier doivent être disciplinés et avoir une solide stratégie de gestion des risques. Ils doivent surveiller de près leurs positions et avoir un plan pour réduire leur exposition en cas de mouvements de marché défavorables.

4.5.6 L'Effet de Levier et la Diversification :

L'effet de levier peut être puissant, mais il peut également exposer les investisseurs à un risque concentré. La diversification est souvent plus difficile lorsque l'effet de levier est utilisé, car les ressources financières sont engagées dans des positions plus importantes.

4.5.7 L'Importance de la Formation :

Avant d'utiliser la marge et l'effet de levier, il est essentiel de se former en profondeur sur ces concepts et de comprendre les risques associés. La formation et l'expérience sont cruciales pour réussir dans cette forme de spéculation.

Les comptes sur marge et l'effet de levier sont des outils puissants, mais ils ne sont pas sans risques. Les investisseurs doivent peser attentivement les avantages et les inconvénients, et utiliser ces outils avec prudence. Une compréhension approfondie de la complexité de ces concepts est essentielle pour minimiser les risques et tirer parti des opportunités offertes par la spéculation financière.

Partie II : Réussir dans le Monde de la Spéculation

La spéculation est un jeu complexe qui offre des opportunités de gains significatifs, mais qui comporte également des risques inhérents. Pour prospérer dans ce monde exigeant, il est essentiel de maîtriser les fondements de la spéculation, de comprendre les risques et les opportunités, et de cultiver une discipline financière rigoureuse. Cette deuxième partie, intitulée "Réussir dans le Monde de la Spéculation," se concentre sur ces aspects essentiels qui déterminent la réussite d'un spéculateur.

Au fil des sections à venir, nous vous guiderons à travers les concepts fondamentaux de la spéculation, en commençant par la compréhension des mécanismes de base, des risques et des émotions qui influencent les décisions des spéculateurs. Nous explorerons également les stratégies de gestion des risques et les principes de sécurité financière qui sont cruciaux pour maintenir un équilibre solide tout au long de votre parcours de spéculation.

Que vous soyez un novice cherchant à acquérir les compétences nécessaires pour réussir dans la spéculation ou un investisseur expérimenté cherchant à affiner vos connaissances, cette partie vous fournira les outils, les conseils et les perspectives nécessaires pour prospérer dans le monde fascinant, mais souvent complexe, de la spéculation.
Préparez-vous à acquérir une compréhension approfondie des principes qui sous-tendent la spéculation, à développer une mentalité adaptée, et à prendre des décisions éclairées qui vous permettront de naviguer avec succès dans ce domaine exigeant.

5. L'Art de la Sélection

L'un des aspects cruciaux de la spéculation est la capacité à sélectionner judicieusement les actifs dans lesquels investir. Cette section, intitulée "L'Art de la Sélection," vous guidera à travers les processus et les critères de sélection qui vous aideront à prendre des décisions éclairées et à identifier les opportunités de spéculation les plus prometteuses.

Choisir le bon actif, que ce soit un terrain à spéculation foncière, une œuvre d'art pour la spéculation artistique, une action pour la spéculation financière, ou un millésime pour la spéculation viticole, est essentiel pour maximiser vos chances de succès. Nous explorerons les facteurs clés qui influencent la sélection d'actifs, notamment la recherche, l'analyse, la diversification, et la compréhension des tendances du marché.

Que vous soyez à la recherche d'opportunités de spéculation à court terme ou que vous envisagiez un investissement à long terme, cette section vous donnera les outils nécessaires pour identifier les actifs qui correspondent à votre stratégie et à vos objectifs. Vous apprendrez à évaluer les actifs sous un nouvel éclairage, à reconnaître leur potentiel de gain, et à prendre des décisions éclairées qui vous guideront vers le succès dans le monde exigeant de la spéculation.

5.1 - Identifier les opportunités

La spéculation efficace commence par la capacité à identifier des opportunités prometteuses. Cette section se concentrera sur les compétences essentielles nécessaires pour repérer les actifs spéculatifs qui offrent un potentiel de gain attractif.

5.1.1 La Recherche Approfondie :

Avant d'investir, il est essentiel de mener une recherche approfondie sur l'actif en question. Cela peut inclure l'analyse des tendances du marché, l'examen des antécédents de performance, la compréhension des facteurs qui influencent la valeur de l'actif, et l'évaluation des risques potentiels.

5.1.2 Les Analyses Fondamentale et Technique :

L'analyse fondamentale consiste à évaluer la santé financière et les perspectives de l'actif, tandis que l'analyse technique examine les données historiques des prix pour identifier des tendances et des motifs. Combiner ces deux approches peut fournir une vision plus complète.

5.1.3 Diversification :

Évitez de mettre tous vos œufs dans le même panier. La diversification consiste à répartir vos investissements sur différents types d'actifs pour réduire le risque. Elle peut également vous permettre de profiter de plusieurs opportunités à la fois.

5.1.4 L'Importance du Timing :

Dans la spéculation, le timing est souvent essentiel. Savoir quand entrer et quand sortir d'une position peut faire la différence entre un profit et une perte. Cela nécessite une compréhension des cycles du marché et une observation attentive.

5.1.5 Écouter Votre Instinct :

Parfois, l'intuition et l'expérience peuvent jouer un rôle crucial dans l'identification d'opportunités. Lorsque les données ne sont pas claires, faites confiance à votre jugement, mais n'oubliez pas de rester discipliné.

5.1.6 Gérer le Risque :

Identifiez également les risques associés à chaque opportunité. Une évaluation réaliste des risques potentiels est une partie importante de la sélection des actifs. Assurez-vous que vous êtes prêt à gérer ces risques.

5.1.7 Restez Informé :

Les marchés évoluent constamment, et les opportunités peuvent se présenter rapidement. Restez informé des actualités financières, des développements économiques et des événements mondiaux qui pourraient avoir un impact sur vos actifs.

L'identification d'opportunités est une compétence que vous pouvez perfectionner avec le temps et l'expérience. Cette section vous fournira les outils et les connaissances nécessaires pour développer cette compétence essentielle et vous aidera à devenir un spéculateur averti, capable de reconnaître les opportunités de gain au sein de l'univers complexe de la spéculation.

5.2 - Évaluer les Actifs

Une fois que vous avez identifié une opportunité de spéculation, la prochaine étape cruciale consiste à évaluer l'actif en profondeur. Cette section, intitulée "Évaluer les Actifs," explore les méthodes et les critères d'évaluation qui vous aideront à prendre des décisions éclairées sur vos investissements spéculatifs.

5.2.1 Analyse Fondamentale :

L'analyse fondamentale implique l'évaluation de la santé financière, des perspectives de croissance, et des facteurs fondamentaux qui influencent la valeur d'un actif. Pour les actions, cela peut signifier examiner les états financiers, les ratios de valorisation, et les perspectives de l'entreprise. Pour les biens immobiliers, cela peut inclure la localisation, les perspectives de développement, et les tendances du marché.

5.2.2 Analyse Technique :

L'analyse technique se concentre sur l'examen des données historiques des prix et la recherche de modèles, de tendances, et de signaux qui peuvent indiquer la direction future des prix. Les graphiques, les indicateurs techniques, et les analyses de tendances sont des outils couramment utilisés dans cette approche.

5.2.3. Évaluation des Risques :

Évaluer les risques potentiels associés à un actif est tout aussi important que l'évaluation de sa valeur potentielle. Considérez les risques liés au marché, à l'industrie, et à l'actif lui-même, et déterminez comment vous pouvez les atténuer.

5.2.4 Objectifs et Stratégie :

Assurez-vous que l'actif que vous évaluez correspond à vos objectifs de spéculation et à votre stratégie d'investissement. Par exemple, si vous visez des gains à court terme, un actif volatile pourrait être approprié, tandis que pour des gains à long terme, vous pourriez opter pour quelque chose de plus stable.

5.2.5 Diversification :

Évaluez également comment l'actif s'intègre dans votre portefeuille global. La diversification est importante pour réduire les risques. Assurez-vous que l'actif sélectionné contribue à l'équilibre de votre portefeuille.

5.2.6 Indicateurs de Performance :

Établissez des indicateurs de performance clairs pour suivre la rentabilité de votre actif spéculatif. Cela vous permettra de prendre des décisions informées sur le moment de l'achat ou de la vente.

5.2.7 Révision Continue :

L'évaluation des actifs n'est pas une étape unique. Les conditions du marché et les circonstances économiques évoluent, ce qui signifie que vous devez continuellement réévaluer vos actifs pour vous assurer qu'ils sont alignés sur vos objectifs et votre stratégie.

L'évaluation des actifs est une compétence qui se perfectionne avec le temps et la pratique. Cette section vous fournira les connaissances et les méthodes nécessaires pour évaluer efficacement les actifs que vous envisagez de spéculer. En développant cette compétence, vous serez mieux préparé à prendre des décisions éclairées qui maximisent vos chances de succès en tant que spéculateur.

5.3 - Analyser les tendances

L'analyse des tendances est un élément essentiel de la spéculation, qu'il s'agisse d'investir dans des actions, des biens immobiliers, des œuvres d'art, ou d'autres actifs. Cette section, intitulée "Analyser les Tendances," explore les méthodes et les concepts clés qui vous aideront à comprendre les mouvements du marché et à prendre des décisions éclairées.

5.3.1 Identifier les Tendances :

La première étape de l'analyse des tendances consiste à identifier les tendances actuelles sur le marché de l'actif spécifique. Les tendances peuvent être à la hausse (haussières), à la baisse (baissières), ou horizontales (stagnantes).

5.3.2 Utiliser l'Analyse Technique :

L'analyse technique implique l'examen des données historiques des prix, des volumes de transactions, et des indicateurs techniques pour identifier des modèles et des signaux qui peuvent aider à prédire les mouvements futurs des prix.

5.3.3 Tenir Compte des Facteurs Fondamentaux :

Les facteurs fondamentaux, tels que les nouvelles économiques, les développements de l'industrie, et les événements mondiaux, peuvent avoir un impact significatif sur les tendances du marché. Il est essentiel de suivre ces éléments pour comprendre les fondements des tendances.

5.3.4 Analyser les Graphiques :

Les graphiques sont des outils essentiels pour visualiser les tendances. Les types de graphiques les plus couramment utilisés incluent les graphiques en chandeliers, les graphiques en barres, et les graphiques en ligne. Ils peuvent révéler des schémas de prix et des niveaux de support et de résistance importants.

5.3.5 Identifier les Points d'Entrée et de Sortie :

Une fois que vous avez identifié une tendance, vous devez déterminer les points d'entrée et de sortie potentiels pour vos positions. Cela peut aider à maximiser les gains et à minimiser les pertes.

5.3.6 Gérer les Risques :

Comprendre les tendances est également crucial pour la gestion des risques. Vous devez avoir des stratégies en place pour réduire les pertes en cas de retournement de tendance inattendu.

5.3.7 Éviter l'Émotion :

L'analyse des tendances doit être rationnelle, pas émotionnelle. Évitez de laisser les sentiments tels que la peur ou la cupidité influencer vos décisions. Restez discipliné et fidèle à votre stratégie.

5.3.8 La Tendance est Votre Amie :

Le dicton "la tendance est votre amie" est un principe fondamental en spéculation. Suivre la tendance actuelle peut augmenter vos chances de succès, mais assurez-vous de toujours effectuer une analyse approfondie pour confirmer votre perspective.

L'analyse des tendances est un élément central de la spéculation réussie. Cette section vous fournira les compétences nécessaires pour identifier, comprendre, et utiliser les tendances du marché à votre avantage. En développant une solide compréhension de cet aspect de la spéculation, vous serez mieux préparé à prendre des décisions informées et à naviguer avec succès dans les marchés spéculatifs.

6. La Gestion des Risques

La spéculation comporte toujours un certain degré de risque, quel que soit l'actif dans lequel vous investissez. La gestion des risques est une compétence cruciale qui peut vous protéger contre des pertes importantes et contribuer à la préservation de votre capital. Dans cette partie, nous aborderons en profondeur les principes et les stratégies de gestion des risques en spéculation.

Les trois sections à venir se concentreront sur des aspects spécifiques de la gestion des risques : la diversification, la position sizing (dimensionnement des positions) et la protection contre les pertes. Chacune de ces sections vous fournira des informations essentielles pour gérer efficacement les risques associés à vos activités spéculatives. En développant une solide compréhension de la gestion des risques, vous serez mieux préparé à prendre des décisions judicieuses et à minimiser les conséquences négatives de vos investissements spéculatifs.

6.1 - Diversification de portefeuille

La diversification est l'une des stratégies de gestion des risques les plus fondamentales et les plus puissantes en matière de spéculation. Dans cette section, nous explorerons en détail la diversification de portefeuille et son rôle crucial dans la réduction des risques tout en préservant les opportunités de gain.

6.1.1 Introduction à la Diversification :

La diversification consiste à répartir votre capital sur plusieurs actifs ou catégories d'actifs. L'idée fondamentale est de ne pas mettre tous vos œufs dans le même panier. En diversifiant, vous réduisez la probabilité que la sous-performance ou les pertes d'un actif particulier aient un impact dévastateur sur l'ensemble de votre portefeuille.

6.1.2 Les Avantages de la Diversification :

La diversification offre plusieurs avantages essentiels :
- Réduction du risque global : En ayant des actifs variés, vous réduisez l'impact potentiel de la sous-performance d'un actif sur l'ensemble de votre portefeuille.
- Amélioration de la stabilité : Un portefeuille diversifié est généralement plus stable, car les actifs individuels peuvent réagir différemment aux conditions du marché.
- Maximisation des opportunités : La diversification vous permet de participer à plusieurs marchés ou secteurs, ce qui signifie que vous ne manquerez pas nécessairement les opportunités de gain potentielles.

6.1.3 Comment Diversifier :

La diversification peut être mise en œuvre de différentes manières, selon vos objectifs et votre tolérance au risque. Vous pouvez diversifier par classe d'actifs (actions, obligations, immobilier, matières premières), par secteur industriel, par région géographique, ou même par style d'investissement (croissance, valeur, dividendes, etc.).

6.1.4 Les Risques de la Sur Diversification :

Bien que la diversification soit bénéfique, il est également possible de trop se diversifier, ce qui peut diluer les gains potentiels. Trouver le bon équilibre est essentiel.

6.1.5 La Révision Continue :

La diversification n'est pas une étape unique. Vous devez régulièrement réévaluer votre portefeuille pour vous assurer qu'il est toujours diversifié de manière appropriée à vos objectifs.

La diversification de portefeuille est un outil puissant pour gérer les risques en spéculation. Cette section vous donnera une compréhension approfondie de cette stratégie et vous montrera comment l'appliquer efficacement pour réduire les risques tout en cherchant à maximiser les opportunités de gain.

6.2 - Gérer les émotions

La spéculation peut être une activité émotionnellement intense. La peur, la cupidité, l'espoir et le doute sont autant d'émotions qui peuvent influencer vos décisions en tant que spéculateur. Dans cette section, nous explorerons l'importance de gérer vos émotions pour maintenir une approche disciplinée et rationnelle en matière de spéculation.

6.2.1 Les Émotions en Jeu :

Les émotions telles que la peur de perdre de l'argent, l'excitation face aux gains potentiels, et la frustration face aux pertes peuvent avoir un impact significatif sur vos décisions de spéculation. Comprendre ces émotions et leur influence est crucial pour éviter les pièges émotionnels.

6.2.2 La Discipline :

La discipline est l'une des clés de la gestion émotionnelle. Elle vous aide à respecter votre plan de trading ou d'investissement, même lorsque les émotions vous poussent à agir impulsivement.

6.2.3 Le Plan de Trading :

Un plan de trading bien défini peut vous aider à prendre des décisions objectives et à rester fidèle à votre stratégie, même lorsque les émotions sont fortes. Il devrait inclure des critères d'entrée et de sortie clairs, ainsi que des règles de gestion des risques.

6.2.4 La Tolérance au Risque :

Comprendre votre tolérance au risque est essentiel pour éviter de laisser les émotions dicter vos décisions. Une fois que vous avez défini votre tolérance au risque, assurez-vous de ne pas la dépasser, même lorsque les marchés sont volatils.

6.2.5 L'Importance de la Réflexion :

Prenez le temps de réfléchir avant de prendre des décisions importantes en matière de spéculation. L'impulsivité peut entraîner des erreurs coûteuses.

6.2.6 L'Utilisation de l'Analyse :

Compter sur l'analyse rationnelle plutôt que sur les émotions peut vous aider à prendre des décisions plus éclairées. Consultez les données, les indicateurs, et les tendances pour orienter vos choix.

6.2.7 L'Apprentissage Continu :

L'apprentissage constant et l'expérience vous aideront à mieux gérer vos émotions au fil du temps. Plus vous comprenez les marchés et votre propre comportement, moins les émotions auront d'emprise sur vous.

Gérer vos émotions est essentiel pour maintenir une approche disciplinée et rentable en matière de spéculation. Cette section vous donnera les outils et les stratégies nécessaires pour comprendre et contrôler vos émotions, vous permettant ainsi de prendre des décisions plus réfléchies et plus lucides dans le monde exigeant de la spéculation.

6.3 - Les stratégies de sortie

L'une des étapes les plus cruciales de la spéculation est de savoir quand sortir de vos positions. Les stratégies de sortie bien planifiées peuvent avoir un impact significatif sur vos gains et vos pertes. Dans cette section, nous explorerons les différentes stratégies de sortie que vous pouvez utiliser pour optimiser vos résultats en tant que spéculateur.

6.3.1 L'Importance de la Stratégie de Sortie :

Une stratégie de sortie solide est essentielle pour gérer efficacement vos positions spéculatives. Elle vous permet de prendre des décisions objectives plutôt que d'agir impulsivement en réaction à des émotions.

6.3.2 Les Stratégies de Sortie Courantes :

Nous examinerons plusieurs stratégies de sortie couramment utilisées par les spéculateurs, notamment :

6.3.2.1 Stop-Loss :

Cette stratégie consiste à définir un niveau de prix prédéterminé à partir duquel vous vendrez automatiquement une position si le marché se déplace contre vous. Le stop-loss est conçu pour limiter les pertes.

6.3.2.2 Take-Profit :

Le take-profit est l'inverse du stop-loss. Il s'agit de définir un niveau de prix auquel vous vendrez automatiquement une position pour réaliser un profit. Cette stratégie permet de verrouiller les gains.

6.3.2.3 Suivi de Tendance :

Si vous suivez une tendance, vous pouvez utiliser des indicateurs techniques ou des niveaux de support et de résistance pour décider quand sortir de la position. Cela peut vous permettre de capturer des gains potentiels plus importants.

6.3.2.4 Objectifs de Profit :

Avant d'entrer dans une position, définissez des objectifs de profit spécifiques. Lorsque l'actif atteint ces objectifs, envisagez de sortir de la position, qu'il s'agisse de réaliser un profit ou de limiter une perte.

6.3.2.5 Événements Spécifiques :

Parfois, les événements spécifiques, tels que les annonces d'entreprises, les rapports économiques ou les développements de l'industrie, peuvent déclencher une sortie de position.

6.3.3 La Révision Continue :

Comme pour toute stratégie, il est essentiel de réviser et d'ajuster vos stratégies de sortie au fil du temps. Les conditions du marché évoluent, et votre plan doit s'adapter en conséquence.

6.3.4 La Discipline :

La discipline est également cruciale dans l'application de vos stratégies de sortie. Une fois que vous avez établi une stratégie, suivez-la avec rigueur, même si les émotions tentent de vous pousser dans une direction différente.

Savoir quand sortir de vos positions est une compétence fondamentale en spéculation. Cette section vous fournira les connaissances et les outils nécessaires pour développer des stratégies de sortie efficaces qui vous aideront à maximiser vos gains et à minimiser vos pertes dans le monde exigeant de la spéculation.

7. L'Éthique du Spéculateur

La spéculation ne se limite pas seulement à des décisions financières, elle englobe également des questions éthiques et morales. Dans cette partie, nous aborderons l'éthique du spéculateur et les principes qui devraient guider votre comportement en tant qu'investisseur spéculatif. Les trois sections à venir se pencheront sur des aspects spécifiques de l'éthique du spéculateur : l'intégrité du marché, la responsabilité sociale, et l'éthique personnelle. En comprenant ces concepts, vous pourrez intégrer des pratiques éthiques dans vos activités de spéculation tout en poursuivant vos objectifs financiers.

7.1 - Responsabilité et impact

La spéculation financière, en tant qu'activité, peut avoir un impact significatif sur les marchés et la société dans son ensemble. Dans cette section, nous examinerons la responsabilité du spéculateur et l'impact de ses actions sur les marchés financiers et la société en général.

7.1.1 Responsabilité Financière :

En tant que spéculateur, vous avez la responsabilité de gérer vos propres finances de manière responsable. Cela inclut la gestion de vos risques, la protection de votre capital, et la réalisation d'investissements judicieux. Une gestion financière responsable est non seulement bénéfique pour vous, mais elle contribue également à la stabilité des marchés.

7.1.2 Impact sur les Marchés :

Les actions des spéculateurs peuvent avoir un impact sur les marchés financiers. Les mouvements de prix importants, en particulier dans les marchés liquides, peuvent être amplifiés par les spéculateurs. Il est important de comprendre comment vos décisions peuvent influencer les marchés et d'agir de manière responsable.

7.1.3 Responsabilité Sociale :

Les spéculateurs ont également une responsabilité sociale. Les décisions de spéculation peuvent avoir des conséquences sur l'emploi, les entreprises, et les communautés locales. Il est important de prendre en compte ces facteurs lors de vos activités de spéculation.

7.1.4 Éthique Personnelle :

L'éthique personnelle joue un rôle central dans la responsabilité du spéculateur. Il est essentiel d'agir de manière honnête, transparente, et éthique dans vos transactions. L'intégrité est une valeur importante pour maintenir la confiance et la crédibilité.

7.1.5 Réflexion sur l'Impact :

Prenez le temps de réfléchir à l'impact de vos décisions de spéculation sur les marchés et la société. Considérez comment vous pouvez contribuer de manière positive et responsable.

7.1.6 L'Équilibre entre Profit et Responsabilité :

La spéculation vise souvent à réaliser des profits, mais il est important de trouver un équilibre entre la recherche du gain financier et la responsabilité envers les marchés et la société.

La responsabilité et l'impact sont des aspects importants de l'éthique du spéculateur. En comprenant ces principes et en les intégrant dans vos activités de spéculation, vous pouvez contribuer de manière positive aux marchés financiers tout en poursuivant vos objectifs financiers personnels.

7.2 - Éviter les pièges de l'avidité

L'avidité est l'un des plus grands pièges auxquels un spéculateur peut être confronté. Elle peut conduire à des décisions impulsives, à la prise de risques excessifs et à des pertes financières considérables. Dans cette section, nous explorerons les dangers de l'avidité en spéculation et les moyens de les éviter.

7.2.Comprendre l'Avidité :

L'avidité est un désir insatiable d'accumuler plus de richesses, souvent au détriment de la prudence financière. Elle se manifeste par la recherche de gains excessifs, le refus de prendre des bénéfices raisonnables, et la prise de risques inconsidérés.

7.2.2 Les Pièges de l'Avidité :

Les spéculateurs avides sont plus susceptibles de prendre des positions excessives, de négliger la gestion des risques, et de succomber à des investissements douteux. L'avidité peut entraîner des pertes importantes et même la ruine financière.

7.2.3 La Discipline Financière :

La discipline est une défense essentielle contre l'avidité. Établissez des règles strictes pour vos investissements, y compris des limites de perte et des objectifs de profit, et respectez-les rigoureusement.

7.2.4 L'Importance de la Planification :

La planification financière solide peut vous aider à éviter les pièges de l'avidité. Établissez un plan de trading ou d'investissement avec des objectifs clairs et un calendrier réaliste.

7.2.5 La Gestion des Émotions :

La gestion des émotions, telle que discutée précédemment, est également essentielle pour éviter l'avidité. Apprenez à reconnaître les signes d'avidité en vous-même et à les contrôler.

7.2.6 La Prudence dans les Décisions :

Avant de prendre des décisions de spéculation, assurez-vous qu'elles sont basées sur une analyse rationnelle plutôt que sur le désir d'accumuler rapidement des gains.

7.2.7 L'Éducation Continue :

L'apprentissage constant et l'amélioration de vos compétences en spéculation peuvent vous aider à éviter les pièges de l'avidité. Plus vous en savez sur les marchés et les stratégies, moins vous serez enclin à prendre des décisions impulsives.

Éviter les pièges de l'avidité est essentiel pour réussir en tant que spéculateur. Cette section vous fournira des conseils et des stratégies pour maintenir la discipline financière, prendre des décisions prudentes, et éviter de céder à la tentation de l'avidité qui peut mettre en péril vos investissements et vos objectifs financiers.

7.3 - L'intégrité dans la spéculation

L'intégrité est un principe fondamental qui doit guider chaque spéculateur dans ses activités. Dans cette section, nous explorerons l'importance de l'intégrité en spéculation et les moyens de maintenir une conduite éthique et transparente sur les marchés financiers.

7.3.1 L'Éthique Personnelle :

L'intégrité commence par l'éthique personnelle. En tant que spéculateur, vous devez vous engager à agir de manière honnête, transparente et conforme aux normes morales et légales.

7.3.2 Respect des Règles et des Lois :

Respecter les règles et les lois du marché est essentiel pour maintenir l'intégrité. Cela inclut les réglementations gouvernementales, les politiques de la plateforme de trading, et les codes de conduite professionnelle.

7.3.3 Transparence :

La transparence est un élément clé de l'intégrité. Soyez transparent dans vos transactions et vos activités de spéculation. Évitez les manipulations de marché et les informations trompeuses.

7.3.4 Loyauté envers les Parties Prenantes :

Vous avez une responsabilité envers vos parties prenantes, qu'il s'agisse de vos clients, de votre entreprise ou de la société en général. Agissez avec loyauté et respect envers toutes les parties prenantes.

7.3.5 La Responsabilité Sociale :

En tant que membre de la communauté financière, vous avez une responsabilité sociale. Considérez l'impact de vos actions sur la stabilité financière et la société dans son ensemble.

7.3.6 Éviter les Conflits d'Intérêts :

Les conflits d'intérêts peuvent compromettre l'intégrité. Identifiez et gérez les conflits d'intérêts de manière éthique.

7.3.7 Éducation et Formation :

La formation continue et l'éducation en matière de spéculation peuvent vous aider à développer une compréhension approfondie des normes éthiques et à les appliquer dans vos activités.

7.3.8 L'Exemple Personnel :

En tant que spéculateur, votre comportement éthique peut inspirer d'autres à suivre des pratiques similaires. Soyez un exemple d'intégrité pour la communauté financière.

L'intégrité dans la spéculation est essentielle pour maintenir la confiance dans les marchés financiers et pour assurer une conduite éthique. Cette section mettra en lumière les principes fondamentaux de l'intégrité en spéculation et vous montrera comment les appliquer dans vos activités pour garantir une conduite éthique et transparente sur les marchés financiers.

Conclusion :

8. Spéculer pour Prospérer

La spéculation est une activité financière complexe et exigeante qui demande une compréhension approfondie, des compétences avancées, et une approche disciplinée. Dans cette conclusion, nous allons récapituler les principaux enseignements de ce livre, explorer les clés du succès en spéculation, et nous pencher sur l'avenir de cette discipline fascinante.

8.1 - Récapitulation des Principaux Enseignements :

Cette section marque la fin de notre voyage à travers le monde de la spéculation, mais c'est aussi le moment idéal pour revisiter et consolider les principaux enseignements que vous avez acquis tout au long de ce livre. Au fil des chapitres précédents, vous avez plongé dans les profondeurs de la spéculation, exploré ses nuances et ses défis, et découvert les compétences nécessaires pour réussir en tant que spéculateur. Maintenant, prenons un moment pour mettre en lumière les concepts clés qui ont façonné votre compréhension de la spéculation.

8.1.1 Connaissance des Marchés :

La connaissance approfondie des marchés financiers est la pierre angulaire de la spéculation réussie. Vous avez appris l'importance de comprendre les actifs que vous négociez, d'analyser les tendances et les indicateurs, et de surveiller les événements économiques qui peuvent influencer les marchés.

8.1.2 Gestion des Risques :

La gestion des risques est essentielle pour protéger votre capital. Vous avez découvert des stratégies telles que la diversification de portefeuille, l'utilisation de stop-loss et la définition de votre tolérance au risque pour minimiser les pertes potentielles.

8.1.3 Discipline Émotionnelle :

Les émotions peuvent être des alliées ou des ennemies en spéculation. Vous avez appris à reconnaître et à contrôler des émotions telles que la peur et la cupidité, à suivre un plan de trading et à rester discipliné même dans des situations stressantes.

8.1.4 Éthique :

L'éthique personnelle et professionnelle est cruciale en spéculation. Vous avez compris l'importance de l'intégrité, de la transparence, et du respect des règles et des lois pour maintenir une conduite éthique.

8.1.5 Planification Stratégique :

Une planification stratégique solide est la clé de la réussite en spéculation. Vous avez appris à élaborer un plan de trading ou d'investissement avec des objectifs clairs, des règles de gestion des risques et une flexibilité pour vous adapter aux conditions changeantes du marché.

Cette récapitulation des principaux enseignements est une occasion de renforcer vos bases en matière de spéculation. Chacun de ces concepts est une brique essentielle pour construire votre succès en tant que spéculateur. En gardant ces leçons à l'esprit, vous serez mieux préparé à naviguer dans le monde complexe de la spéculation avec confiance et compétence.

8.2 - Les Clés du Succès en Spéculation :

Le succès en spéculation est un objectif louable, mais il est essentiel de comprendre que la spéculation comporte des risques et des incertitudes inhérents. Cependant, en suivant certains principes fondamentaux, vous pouvez augmenter vos chances de réussir dans ce domaine exigeant. Dans cette section, nous explorerons les clés du succès en spéculation et les attributs qui distinguent les spéculateurs prospères.

8.2.1 Patience :

La patience est une vertu précieuse en spéculation. Les marchés peuvent être volatils et imprévisibles à court terme. Apprenez à attendre les opportunités appropriées et à éviter de vous précipiter dans des décisions impulsives.

8.2.2 Persévérance :

Les hauts et les bas font partie intégrante de la spéculation. La persévérance est essentielle pour surmonter les périodes difficiles et continuer à travailler vers vos objectifs à long terme, même en cas de revers.

8.2.3 Adaptabilité :

Les marchés évoluent constamment, et les stratégies qui ont fonctionné par le passé peuvent ne plus être efficaces. Soyez prêt à vous adapter aux nouvelles conditions du marché et à ajuster vos approches en conséquence.

8.2.4 Apprentissage Continu :

La spéculation est un domaine en constante évolution. Cultivez la capacité à apprendre en permanence en restant informé des dernières tendances, des nouvelles technologies et des développements économiques.

8.2.5 Discipline :

La discipline est l'un des piliers du succès en spéculation. Respectez vos règles de trading, votre plan stratégique et vos principes éthiques, même lorsque vous êtes confronté à des pressions émotionnelles ou à des tentations.

8.2.6 Gestion des Risques :

La gestion des risques est fondamentale pour protéger votre capital. Utilisez des stratégies telles que la diversification, les stops-loss et la taille de position appropriée pour minimiser les pertes potentielles.

8.2.7 Recherche d'Opportunités :

Soyez constamment à la recherche d'opportunités sur les marchés. Cela peut impliquer de suivre les actualités économiques, d'analyser les graphiques techniques ou de rechercher des actifs sous-évalués.

8.2.8 Tolérance au Stress :

Les moments de stress font partie du jeu en spéculation. Développez une tolérance au stress et apprenez à prendre des décisions objectives même sous pression.

En suivant ces clés du succès en spéculation, vous pouvez renforcer votre position en tant que spéculateur. Gardez à l'esprit que le succès en spéculation ne se mesure pas seulement en termes de profits, mais aussi en termes de développement personnel, de discipline et d'intégrité. Ces attributs vous aideront à prospérer dans le monde complexe de la spéculation.

8.3 - L'Avenir de la Spéculation :

Alors que nous clôturons ce voyage à travers le monde de la spéculation, il est important de jeter un regard vers l'avenir de cette discipline passionnante. Les marchés financiers sont en constante évolution, et l'avenir de la spéculation promet d'être à la fois dynamique et stimulant.

8.3.1 Émergence de Nouvelles Technologies :

Les avancées technologiques continuent de transformer la manière dont nous spéculons. Les algorithmes de trading, l'intelligence artificielle et la blockchain ont déjà eu un impact significatif sur les marchés. À l'avenir, ces technologies pourraient ouvrir de nouvelles opportunités et modifier la manière dont les spéculateurs interagissent avec les marchés.

8.3.2 Nouveaux Actifs et Classes d'Actifs :

De nouveaux actifs et classes d'actifs émergent régulièrement. Les crypto-monnaies en sont un exemple récent, mais d'autres actifs, tels que les actifs numériques non fongibles (NFT), peuvent également devenir des sujets de spéculation. Il est essentiel de surveiller ces développements pour identifier de potentielles opportunités.

8.3.3 Réglementations en Évolution :

Les réglementations qui entourent la spéculation évoluent également. Les autorités réglementaires cherchent à garantir la stabilité des marchés et la protection des investisseurs. Restez informé des nouvelles réglementations qui pourraient avoir un impact sur vos activités de spéculation.

8.3.4 Tendances Émergentes :

Les tendances émergentes dans le monde économique et financier peuvent influencer les marchés. Les défis mondiaux tels que le changement climatique, les crises sanitaires et les évolutions géopolitiques peuvent avoir un impact sur la spéculation. Soyez conscient de ces tendances et de leur potentiel pour façonner les marchés.

8.3.5 Opportunités et Défis :

L'avenir de la spéculation offre un mélange d'opportunités et de défis. Les spéculateurs qui peuvent s'adapter aux changements, rester informés et maintenir une discipline rigoureuse auront un avantage concurrentiel.

8.3.6 La Conclusion :

La spéculation est une entreprise exigeante qui demande une compréhension approfondie, une discipline éthique et une maîtrise des risques. Ce livre vous a fourni les connaissances et les outils nécessaires pour poursuivre vos activités de spéculation de manière avertie, responsable et potentiellement rentable.

En fin de compte, le succès en spéculation dépendra de votre capacité à naviguer dans un monde en constante évolution tout en maintenant un engagement envers l'intégrité, la discipline et la recherche constante d'opportunités. Nous vous encourageons à continuer d'explorer ce domaine fascinant et à poursuivre vos investissements avec sagesse. Que vos futures spéculations soient couronnées de succès et qu'elles vous apportent des bénéfices durables.

Épilogue :

Au terme de ce voyage à travers le monde complexe de la spéculation, nous espérons que vous avez acquis une compréhension plus profonde de cette discipline exigeante et passionnante. La spéculation n'est pas seulement une quête de profits, mais une aventure intellectuelle qui exige la maîtrise de compétences, la discipline et une réflexion stratégique.

Rappelez-vous que la spéculation n'est pas un chemin facile vers la richesse. Elle comporte des défis, des risques et des incertitudes inhérents. Cependant, elle offre également des opportunités de croissance financière et d'accomplissement personnel pour ceux qui sont prêts à investir le temps et l'effort nécessaires pour réussir.

L'avenir de la spéculation est prometteur et en constante évolution, avec l'émergence de nouvelles technologies, de nouvelles classes d'actifs et de nouvelles réglementations. Pour prospérer dans ce paysage en mutation, il est essentiel de maintenir une approche éthique, de rester informé des tendances émergentes et de maintenir une discipline rigoureuse.

En fin de compte, la spéculation n'est pas seulement une aventure financière, mais aussi une quête d'apprentissage et d'amélioration continue. Nous vous encourageons à poursuivre votre exploration de ce domaine et à mettre en pratique les enseignements que vous avez acquis ici.

Que votre parcours en tant que spéculateur soit empreint de succès, de sagesse et d'intégrité. Que vos décisions soient éclairées, que vos risques soient gérés avec prudence, et que vos bénéfices soient durables. La spéculation est une route exigeante, mais elle offre des opportunités pour ceux qui sont prêts à s'engager avec intelligence et responsabilité.

Merci de nous avoir accompagnés dans cette aventure, et nous vous souhaitons le meilleur dans toutes vos futures spéculations. Bonne route vers le succès financier et personnel.

www.ingramcontent.com/pod-product-compliance
Lightning Source LLC
Chambersburg PA
CBHW072222290526

45794CB00007B/2856